Primera Edición
Copyright © 2014 JCM Fitness Corp.

Impreso en los Estados Unidos de Norteamérica

Editor:

JCM Fitness Corp.
P.O. Box 226258
Miami, FL 33222
USA

ISBN: 978-0-578-13798-8

Título: COMO VENDER FITNESS

Autor: Juan Carlos Mendoza (JCMENDOZA.com)

Diseño de portada: Alex Castro

COMO VENDER FITNESS

NOTA ACLARATORIA

Contenido

> *"Si haces una venta, te dará suficiente para vivir. Si inviertes tiempo y prestas un buen servicio al cliente, puedes hacer una fortuna" - Jim Rohn*

COMO VENDER FITNESS
El manual para vender entrenamiento personalizado

Introducción

A diferencia de lo que muchas personas pudiesen pensar, que un entrenador personal no necesita saber vender sino que solamente necesita prepararse bien para poder ofrecer un buen servicio, déjame decirte que la realidad es otra, pues necesita ambas características si desea obtener un éxito real en esta profesión. Si eso no fuera así, la gran mayoría de entrenadores personalizados que están bien preparados fueran exitosos, pero no lo son. Si un entrenador personal no sabe cómo vender sus servicios no podrá tener clientes que se puedan beneficiar de su conocimiento y por lo tanto, no podrá demostrar que tan bueno es en su labor.

El no saber cómo ofrecer sus servicios a clientes potenciales es la razón número uno por la que muchos entrenadores personales no progresan profesionalmente, a pesar de estar muy bien preparados. Si bien es muy importante la preparación académica, la experiencia, el profesionalismo y la honestidad; todas ellas cualidades que todo buen entrenador debería de poseer, no sirven de nada si no se consiguen los clientes que se puedan beneficiar de ellas.

En mis más de 25 años de experiencia en esta industria he visto de todo, desde buenos profesionales que no han logrado prosperar y han terminado dedicándose a algo más, hasta entrenadores promedio que han sobresalido porque si han podido vender y mercadear sus servicios. Con esto no quiero decir que un entrenador personal no debe buscar la excelencia por medio de una constante preparación profesional, todo lo contrario, ya que en una industria tan cambiante como ésta en donde cada día surgen nuevos estudios y técnicas de entrenamiento, una constante actualización de conocimientos es imprescindible para poder ofrecer un servicio de calidad. Pero, ¿de qué sirve poseer una gran preparación sino se tienen clientes que se puedan beneficiar de ella?

Por otro lado, la mayoría de entrenadores se sienten inseguros acerca de sus habilidades de venta, o tienen la idea de que un vendedor exitoso es alguien que nace con alguna característica o habilidad especial que le permite desarrollar un sexto sentido para saber cómo realizar una venta. Más allá de las destrezas innatas con las que una persona pueda contar, el vendedor exitoso es aquel que reconoce que el secreto de su éxito es el resultado de ejecutar con maestría una y otra vez una sola cosa:
"El Proceso de Venta".

Las ventas requieren la precisión de una gran puesta en escena. Así como los actores de teatro ensayan una y otra vez sus guiones y hasta que no los tienen perfectamente aprendidos, no salen al escenario. De igual manera, los profesionales en ventas no contactan a ningún prospecto hasta que no han ensayado perfectamente lo que van a decir, y al igual que los actores, utilizan la improvisación como un recurso adicional pero sin alejarse demasiado del guión original. Este concepto es sumamente poderoso porque te permitirá recorrer un camino que vas a conocer en este libro y que te llevará a un solo lugar: la venta.

Con esta guía o manual de ventas pretendo enseñarte la fórmula que a mí me ha dado tan buenos resultados al momento de vender mi servicios como entrenador personalizado. Una fórmula que logré resumir y adaptar para esta industria luego de leer decenas de libros sobre ventas. Aquí aprenderás a comunicarte, entender y entusiasmar a tus clientes potenciales para que tomen acción y contraten tus servicios.

EL ARTE DE LA COMUNICACION

EL ARTE DE LA COMUNICACIÓN

El verdadero arte de la comunicación comienza con nuestro carisma para comunicarnos, para saber transmitir nuestras ideas y poder influenciar a la gente en el momento de tomar una decisión. Muchas veces traemos ese don especial, nos comunicamos de una manera extraordinaria casi sin ningún esfuerzo. En algunas ocasiones he visto personas que parecen hipnotizar a multitudes, pero eso no a todos nos sucede ya que no todos nacemos con esa cualidad o don, pero la buena noticia es que podemos aprender a comunicarnos de una manera excelente y llegar a ser excelentes expositores de nuestras ideas.

A lo largo de este libro iré proporcionándote diferentes técnicas para desarrollar una comunicación exitosa.

Los 10 mandamientos para una comunicación efectiva

1. Se amable y jovial, no hay nada tan agradable como una frase alegre al saludar.
2. Llama a las personas por su nombre, la música más agradable para el oído de cualquier persona es el sonido de su nombre.
3. Piensa antes de hablar.
4. Precisa los objetivos que deseas lograr y las estrategias para alcanzarlos.
5. Adapta tu mensaje al receptor y a la situación.
6. Selecciona el momento y lugar adecuados.
7. Evita expresiones que puedan generar posiciones defensivas, recuerda que la forma como se dice algo es tan importante como lo que se dice.

8. Obtén siempre una retroalimentación del receptor para garantizarte que el mensaje está siendo entendido correctamente.
9. Demuestra interés en lo que dice la otra persona.
10. Se generoso al resaltar las cualidades y cuidadoso al criticar.

> *"Acércate a cada cliente con la idea de ayudarlo, resolverle su problema o lograr su meta y no para venderle un producto o servicio." – Brian Tracy*

¿Cómo lograr una comunicación efectiva?

La comunicación efectiva tiene como elemento fundamental el manejo de las relaciones humanas. Esto implica un diálogo constructivo que se apoya en 3 actitudes básicas para favorecer la comunicación y la relación con los demás: empatía, aceptación y congruencia.

Empatía: es la capacidad de ver un asunto desde la perspectiva del otro, de ponerse en su lugar. Una manera simple de lograrla es decir "yo sé cómo te sientes", o "puedo entender que pienses eso". Luego, explicarles por qué tú lo "sabes" o lo "conoces" mientras hablas con el cliente potencial. Sin importar la situación, siempre es eficaz encontrar algo en común con la otra persona, y compartir esa idea o sentimiento.

Aceptación: implica tolerancia a las diferencias ajenas, aceptar que otras personas son diferentes sin sentirnos amenazados por ello. La aceptación involucra un verdadero entendimiento de la riqueza que representa la diversidad de pensamiento, cultura, costumbres, etc.

Congruencia: es sinónimo de autenticidad, sin disociación entre nuestro pensar, sentir y actuar. Para un entrenador personal es indispensable lucir saludable y estar en buena forma física, no quiero decir con esto que deberías parecer modelo de revista pero si tienes que lucir bien, ya que eso es lo que estarás vendiendo, un nuevo estilo de vida que brinda salud y bienestar. Imagínate que visitas a un Ortodoncista para que te arregle los dientes y observas que los de él son un completo desastre....entiendes mi punto. No puedes pretender que el prospecto confíe en lo que tú le estas diciendo si tú mismo no lo practicas.

Por lo tanto, para lograr estas 3 actitudes y favorecer la comunicación con la persona que estamos entrevistando necesitamos primero que todo... "saber escuchar". Así es, necesitamos saber escuchar su historia, lo que los motivó a buscarnos, lo que esperan lograr, que obstáculos han tenido en el pasado para alcanzar su meta, etc., y todo esto lo podemos averiguar con las <u>4 Preguntas Básicas</u> que compartiré contigo a continuación y que deberían de formar parte de la Hoja de Información Personal o Cuestionario de Aptitud que todo cliente potencial debería de llenar antes de comenzar la entrevista o consulta inicial contigo.

> *"Desarrolla el hábito de escuchar y dejar que el cliente domine la conversación." – Brian Tracy*

Las 4 preguntas básicas

1. **¿Cuál es tu meta principal?** La respuesta a esta pregunta te revelará el camino a seguir en cada aspecto de la entrevista, por ejemplo si la meta del cliente potencial es perder peso, entonces podrás enfocarte en resaltar los beneficios de los que

disfrutará al lograr esta meta, de esta manera irás construyendo su entusiasmo.

2. *¿Por cuánto tiempo ha sido ésta tu meta?* La respuesta a esta pregunta mide el deseo por resultados que el cliente potencial tiene y también te revela el grado de importancia que tiene para él o ella esta meta. Si por ejemplo te dice que lleva un año queriendo perder peso, eso te podría indicar que seguramente ha intentado otros métodos para ello que no le han dado resultados o no en la medida que desea, brindándote la oportunidad de resaltar los beneficios de trabajar contigo.

3. *¿Qué beneficios espera tener cuando alcances tu meta?* Al contestar esta pregunta el cliente potencial te está revelando como espera sentirse al alcanzar su meta, los beneficios que él o ella percibe que obtendrá. Si seguimos con nuestro ejemplo de perder peso y te dice que espera poder lucir esos jeans que tanto le gustaban, usar un traje de baño más pequeño o camisas más ajustadas, etc., en fin con la respuesta a esta pregunta te estará revelando el grado de motivación que posee y proporcionándote una oportunidad de incrementar su entusiasmo al hacer énfasis en esos beneficios.

4. *¿Qué aspectos o situaciones en el pasado te han impedido alcanzar esta meta?* La respuesta a esta pregunta te revela los obstáculos que ha experimentado en el pasado y te brinda la oportunidad de mostrarle como esos obstáculos no los tendrá o como los podrá superar si te tiene a ti como su entrenador personal.

EL PROCESO DE VENTA

EL PROCESO DE VENTA

> *"Cada venta tiene cinco obstáculos básicos: No es necesario, no hay dinero, no hay prisa, no hay deseo, no hay confianza"* - Zig Ziglar

Antes de iniciar con el desarrollo del proceso de venta, veremos la definición de dos conceptos básicos que encontrarás a lo largo del libro, de manera que no haya ninguna confusión con respecto a lo que me estoy refiriendo.

> ➢ **Prospecto:** Es el cliente potencial, la persona a la que dirigirás este proceso de venta.

> ➢ **Consulta inicial:** Es la entrevista u orientación inicial en la cual desarrollarás el proceso de venta. Este es el instrumento que utilizarás para poder tener la oportunidad de ofrecer tus servicios a los prospectos, explicándoles cómo se beneficiarán de ellos. NOTA: Al final de este libro encontrarás los pasos a seguir cuando ofrezcas esta "Consulta Inicial Gratis" a los prospectos.

La venta no es una actividad única, es un conjunto de actividades diseñadas para promover la compra de un producto o servicio. Por este motivo, la venta requiere de un proceso ordenado, en el cual se implementen de manera sincronizada diferentes actividades o pasos, que logren satisfacer efectivamente las necesidades y deseos de tus futuros clientes.

Modelo de Proceso de Ventas
(Establecer relación, Reconocer necesidad, Formular solución, Cierre de venta, Entrega y evaluación)

Primero que nada tienes que saber que tú ofreces el servicio más fácil de vender en el mundo, así es,…ya que es el único que brindará a todo aquel que lo adquiera mejor aspecto, mejor rendimiento, mejor salud y mejor calidad de vida. Por lo tanto, vender entrenamiento personalizado no es más que hacer ver al prospecto los beneficios de tu servicio tal y como tú los ves. En otras palabras, las ventas son la ciencia de ayudar a las personas a conseguir lo que quieren, por eso necesitas convertirte en el asesor de compra del prospecto o su consultor, para lograr esto tienes que ganarte su confianza y así poder ayudarlo a tomar la decisión de comprar. Si logras esto tendrás asegurada la venta en un 70%.

> *"Piensa que eres como un recurso adicional para tus clientes: un consultor, un consejero, un mentor y un amigo, y no sólo como un simple vendedor." – Brian Tracy*

Como "asesor" del comprador potencial tu trabajo es identificar sus necesidades y deseos para encontrar la manera de satisfacerlos. Por ejemplo: Si las primeras palabras que salen de la boca de un prospecto cuando te encuentras con ella son: *"Hola, recién acabo de tener un bebé y necesito perder todo el peso que gané con el embarazo"*, entonces tú, actuando como su asesor, tienes la responsabilidad de mostrarle como se beneficiará ella al trabajar contigo, para lograr su deseo de perder ese sobrepeso que ganó debido a su embarazo.

La mayoría de entrenadores personales abruman al prospecto con su conocimiento de anatomía, biomecánica y ciencia del ejercicio. Tienes que entender que tus prospectos NO están interesados en eso, ellos se encuentran sentados frente a ti porque están cansados y frustrados de batallar con su aumento de peso, falta de energía, celulitis, flacidez muscular, etc. Lo que ellos quieren escuchar es como ellos se beneficiarán de lo que tú ofreces.

Lo que el prospecto quiere que le vendas es fitness y no ciencia. El prospecto no se encuentra sentado frente a ti buscando al entrenador con más estudios, el prospecto no esta buscando resultados (todavía no). Él o ella está sentado frente a ti buscando una sola cosa, "Solución". Así que antes de que puedas venderle a tus prospectos tu conocimiento o los resultados potenciales que podrán alcanzar, debes primero venderles lo que ellos están buscando – La solución a su problema.

Uno de los dos hará una venta

Antes que profundicemos en como vender fitness me gustaría que recordaras estas siete simples palabras: *"Uno de los dos hará una venta".* Ya sea que tú le vendas a tus prospectos los beneficios de tus servicios de entrenamiento personalizado y ellos se conviertan en clientes PAGANDO por tus servicios, o que ellos te vendan a ti el por que ellos no comprarán tus servicios. Cada vez que entrevistes a un prospecto recuerda que al final de esa entrevista uno de los dos hará una venta, procura ser tú.

Las 3 clases de vendedores

¿Alguna vez has escuchado hablar de la ley del 33%? Esta es: Un 33% de las personas siempre compran, un 33% nunca comprará y el otro 33% son indecisos, y aquí es donde deben salir a relucir las habilidades de venta para lograr convencer a esos indecisos.

Existen 3 clases de vendedores: Primero tenemos al "Mesero" (similar a un mesero que toma una orden), luego tenemos al "Tipo Cool", y por último tenemos al "Matador". A continuación te explicaré las diferencias entre ellos.

El Mesero – Este individuo tiene un promedio muy bajo de ventas realizadas, cerca del 30-40%. Este es el entrenador que "vende" sesiones de entrenamiento a ese tercio de prospectos que van a comprar de cualquier manera. En otras palabras, este individuo sólo está tomando pedidos al igual que lo hace un mesero. De vez en cuando puede que tenga suerte y logre convertir a un prospecto indeciso en cliente, pero sólo será por suerte.

El Tipo Cool – Este individuo posee suficientes habilidades de venta para mantener su promedio de ventas alrededor del 50-60% y lograr así un ingreso decente, pero aún con el deseo de vender no posee las habilidades que se requieren para realmente hacer que las cosas sucedan. Este individuo no puede identificar que hace a un comprador, comprar, y como usar sus habilidades para persuadirlo efectivamente.

El Matador – Este individuo sabe como tratar a las personas. Él escucha y entiende las necesidades y deseos de sus prospectos, y siempre realiza una presentación con entusiasmo. Él les vende a los compradores, convence a los indecisos y es un maestro convirtiendo a los que no son compradores en compradores, lo que le permite tener un promedio de ventas de 75-85% (o mayor). Este se conoce por tener en mente lo que más le conviene al prospecto. El o ella se tomará el tiempo para entender los problemas de su prospecto y encontrará una solución a la cual el prospecto no se podrá negar.

Utilizando "AIDA"

Para lograr tener mayor efectividad en las ventas y convertirte en un "Matador" te presentaré a "AIDA", pero no se trata de una chica sino que de una estrategia que utilizaremos para lograr captar la *"Atención"* del prospecto mediante la demostración de un *"Interés"* genuino de nuestra parte para ganar su confianza y que pueda ver nuestro sincero *"Deseo"* de ayudarlo a lograr su meta, de manera que tome *"Acción"* y contrate nuestros servicios.

Atención:
- ✓ Primera impresión cuenta
- ✓ Califica al prospecto
- ✓ Sonríe, demuestra entusiasmo
- ✓ El poder del "Sí"

Interés:
- ✓ Entendiendo al prospecto (Demuestra interés genuino, consciente de sus necesidades y deseos)
- ✓ Provee muestras de tu trabajo (testimonios)

Deseo:
- ✓ Demuestra deseo sincero de ayudar
- ✓ Mejora tu comunicación visual
- ✓ Actitud profesional y amable (Proyecta seguridad y conocimiento)
- ✓ Utiliza la automotivación

Acción:
- ✓ Llega a acuerdos (Promueve el cierre)

La primera impresión

Con frecuencia la primera impresión es la que hace posible la venta. En los primeros 60 segundos de conocerte el prospecto se formará una opinión acerca de ti, y esa opinión influenciará grandemente su decisión de compra. Piensa en el último prospecto con el que te reuniste, ¿cuál crees que fue la primera impresión que le causaste? Responde las siguientes preguntas y ellas te iluminarán en lo que tendrías que mejorar para poder crear una primera impresión positiva en el prospecto.

➢ ¿Cómo lo saludaste?
➢ ¿Cómo era tu apariencia?
➢ ¿Llegaste tarde a la cita?
➢ ¿Tenías mal aliento u olías mal?
➢ ¿Estrechaste su mano?
➢ ¿Te presentaste apropiadamente?
➢ ¿Lo saludaste por su nombre?
➢ ¿Mantuviste contacto visual?
➢ ¿Intercambiaron sonrisas?
➢ ¿Cómo era tu nivel de energía?

Esta es sólo una pequeña lista de muchos factores que juegan un papel en cómo eres percibido por el prospecto. Es mucho más fácil hacer una buena primera impresión que tratar de arreglar una mala. Los primeros 60 segundos son conocidos como el "encuentro y saludo", éste es tu punto de inicio, así que trata de iniciar bien. Ya sea que estés encontrándote por primera vez con un prospecto o que estés iniciando una sesión de entrenamiento con un cliente ya existente, el "encuentro y saludo" es la regla de oro a seguir. Haz que la otra persona se sienta bienvenida estrechándole la mano, haciendo contacto visual, mostrando una sonrisa, llamándola por su nombre, preguntándole acerca de cómo estuvo su día, mostrándote profesional y siendo puntual. Todos estos pequeños detalles son parte de ese proceso del encuentro y saludo que te ayudará, no sólo a realizar la venta sino que también, a mantenerla por largo tiempo.

Te contaré una anécdota que me sucedió cuando recién me habían ascendido a la posición de "Assistant Manager" en una de las dos compañías más grandes de entrenamiento personalizado en la que trabajé cuando recién emigre a los EE.UU. Tenía una cita para una consulta gratis que se le ofrecía a todos los clientes nuevos del gimnasio, al presentarse el prospecto al gimnasio, la recepcionista me llamó a la oficina y salí a su encuentro, se trataba de una mujer en sus 30 con una apariencia de tener unos 6 meses de embarazo. La salude llamándola por su nombre con una sonrisa y le estreché su mano a la vez que le decía mi nombre, luego nos dirigimos hacia la oficina que se encontraba a unos 20 metros de la recepción. Hasta este instante todo marchaba sobre ruedas hasta que cometí un error de principiante, como lo es "asumir algo" y abrí mi bocota para preguntarle cuantos meses de embarazo tenía, en ese momento la sonrisa de su rostro desapareció y me respondió en tono suave pero serio…"mi bebé tiene 4 meses de nacido", como podrán imaginarse yo quería que la tierra me tragara, había cometido uno de los peores errores que se pueden cometer con una mujer, decirle que esta gorda y ahora tenía que arreglármela para solucionar ese "pequeño" percance. De manera que al llegar a la oficina me dediqué a hacerle preguntas clave (similares a las 4 preguntas básicas que compartí contigo al inicio) para averiguar más de ella y permitir que ella se extendiera hasta lograr encontrar algo que me permitiera crear empatía y poder así lograr recuperar ese espacio perdido debido a esa primera mala impresión que había creado por apresurarme a sacar conclusiones. De repente sucedió, ella mencionó algo que yo inmediatamente utilice para recuperar esa conexión que debe de existir entre el prospecto y el vendedor. Ella me relató que además de su estado físico post-parto que la tenía deprimida, todavía no se recuperaba de la pérdida de su padre él cual había fallecido hace algunos meses, en ese momento logré crear esa empatía con ella al comentarle que yo sabía cómo se sentía eso pues yo también había perdido al mío hace algún tiempo ya. Por unos minutos compartimos historias lo que me permitió encontrar más puntos en común y a partir de este momento el ambiente de la entrevista cambio totalmente y ella se volvió más atenta y entusiasta a todo cuanto yo le sugería que debíamos hacer para poder recobrar su figura, el final de la entrevista terminó con la venta de un programa de entrenamiento de $3,200. (Nada mal para algo que no había comenzado del todo bien). Ahora bien, la moraleja de esta historia es no apresurarse a hablar y sacar conclusiones, siempre esperar a que los prospectos sean los que hablen primero, para así no tener que enmendar un error que pueda causar la pérdida de una venta.

Calificando al Prospecto

Luego de haber saludado al prospecto y haber dedicado esos primeros minutos en hacerlo sentir cómodo, tienes que comenzar a construir la relación entre tú y él para buscar no sólo agradarle, sino que confíe en ti para que pueda expresarte sus necesidades o metas.

Una herramienta muy útil para construir una buena relación es el "Cuestionario de Aptitud para la Actividad Física" o PAR-Q (por sus siglas en inglés). Este cuestionario te permitirá conocer más acerca del prospecto, de su pasado, de su historial médico y de su estado físico actual.

ISFA

CUESTIONARIO DE APTITUD PARA LA ACTIVIDAD FISICA

Recuerda que el propósito es crear una buena impresión y un ambiente amigable para desarrollar el proceso de venta, por lo que debes de saber cómo pedir las cosas y demostrar un genuino interés en ayudar. Aquí está un ejemplo: *"Sra. Pérez, le importaría contestar un pequeño cuestionario, ya que éste me permitirá encontrar la mejor manera para poder ayudarla".*

Es en este cuestionario en donde además de utilizar preguntas sobre su historial de salud y ejercicio, utilizarás preguntas clave que te revelen sus deseos y necesidades emocionales. Es aquí en donde puedes utilizar las 4 preguntas básicas que compartí contigo al inicio del libro.

Demuestra entusiasmo

El entusiasmo es el ingrediente que mantiene la magia en toda tu presentación. El entusiasmo es energía, ¿quién no quiere estar al lado de personas entusiastas? Personas que a pesar de todo parecen tener una fuente interminable de energía, que llevan una vida alegre, dinámica y productiva. Ofrece de principio a fin una experiencia llena de entusiasmo, ¿Por qué? porque nada es tan contagioso como el entusiasmo. El entusiasmo nos anima a actuar y tomar decisiones, el entusiasmo mueve paredes. El entusiasmo es tanto una actitud como una emoción. No basta con quedarte sentado y pensar que te gustaría sentirte alegre, feliz o entusiasmado. Debes actuar como si sintieras esas emociones para vivirlas y poder transmitirlas. ¿Sabías que el primer paso para tomar una decisión es la emoción? Así es, la emoción crea movimiento.

Piensa en la última vez que tomaste una gran decisión, te apuesto a que algo movió tus emociones lo suficiente para que actuaras. Una de las grandes emociones que conducen a la acción es el entusiasmo. Como hecho irrefutable, tu nivel de entusiasmo tiene mayor influencia en la buena disposición del prospecto para comprar entrenamiento personalizado que la que tiene tu nivel de educación. Tu meta entonces es proveer emoción y energía positiva a través de tu presentación para tener al prospecto tan motivado y emocionado acerca del fitness como lo estás tú. Demuéstrales que el camino hacia los resultados que buscan puede ser divertido y ameno teniéndote a ti como su entrenador personal.

Recuerda que el mundo no se construyó con pesimistas sino que todo lo contrario, fueron personas positivas, motivadas, emocionadas y persistentes las que descubrieron la electricidad, inventaron el teléfono, el avión, el televisor, los automóviles, etc. Esa misma emoción es la que tienes que agregarle a tu presentación y así transmitir la energía positiva necesaria para despertar el entusiasmo en tu prospecto y poder motivarlo a tomar una acción positiva.

El poder del "Si"

¿Te gustaría que tus prospectos estuvieran animados y entusiasmados antes de presentarles el valor de tus programas de entrenamiento? Una técnica efectiva para lograr esto es mediante preguntas guiadas (conocidas como preguntas de amarre) que conducirán a la respuesta "sí" o a un gesto de afirmación. Cada vez que recibas un "sí" de un prospecto irás ganando poco a poco un mayor compromiso de compra de su parte.

SI Es un hecho psicológico comprobado que la mente subconsciente controla a la mente consciente. Por lo tanto si puedes mantener a tus prospectos de acuerdo contigo por medio de hacerlos decir sí o un gesto de afirmación a lo largo de tu presentación, habrás incrementado dramáticamente la probabilidad de que digan "Sí" cuando les pidas que compren tus servicios. Otra gran ventaja de este tipo de preguntas es que logran mantener a las personas enfocadas en sus objetivos e inmersos en el proceso de venta.

Cuando estés compartiendo los beneficios de tus servicios de entrenamiento personalizado con un prospecto trata siempre de utilizar frases tales como *"¿cierto?", "¿te* gustaría?", "¿tú podrías?", "¿grandioso?", "¿está de acuerdo?", "sería perfecto, ¿no?", "¿correcto?", etc. Tu meta es recibir la mayor cantidad de respuestas afirmativas.

A continuación te daré un ejemplo de una conversación en donde podrías utilizar este tipo de preguntas con un prospecto:

- ➤ **Tu:** *Sra. Pérez, ¿puedo compartir con Ud. los beneficios de mis programas de entrenamiento?*
- ➤ **Prospecto:** *Sí.*
- ➤ **Tu:** *Su meta es perder todo ese peso que ganó con su reciente embarazo, ¿cierto?*
- ➤ **Prospecto:** *Sí.*
- ➤ **Tu:** *Usted también me mencionó que le gustaría tonificar su cuerpo y deshacerse de la celulitis, ¿correcto?*
- ➤ **Prospecto:** *Sí.*
- ➤ **Tu:** *Para poder lograr sus objetivos debemos incorporar un programa de entrenamiento de resistencia muscular junto con una dieta balanceada y ejercicio cardiovascular, así alcanzaremos sus metas rápidamente, ¿está de acuerdo?*
- ➤ **Prospecto:** *Sí.*
- ➤ **Tu:** *Uno de los beneficios de mis programas de entrenamiento es que su metabolismo se volverá más rápido, o sea que su cuerpo quemará más calorías por día de las que quema ahora, sería perfecto ¿no?*
- ➤ **Prospecto:** *Sí.*
- ➤ **Tu:** *Otro de los beneficios de mis programas es que al tonificar sus músculos por medio del ejercicio y cuidar su alimentación vamos a ir eliminando esa celulitis que tanto la atormenta. Eso es lo que usted desea, ¿cierto?*
- ➤ **Prospecto:** *Sí.*

Como puedes ver acabas de recibir seis "Sí" como respuestas de parte de un prospecto en seis oraciones. Ahora tu prospecto estará más comprometido para comprar entrenamiento personalizado de lo que estaba hace cinco minutos, ¿correcto? ¡Qué esperas... di que sí! Tu meta debería de ser recibir entre 25 a 35 afirmaciones positivas de tus prospectos antes de que les pidas que compren tus servicios.

Por otro lado, la palabra "NO" tiene el efecto contrario. Al hablar con tu prospecto evita hacer preguntas que requieren la posibilidad de responder "NO". También se ha comprobado que la palabra "NO" crea emociones negativas con respecto a la compra que conducen a NO VENDER. La siguiente pregunta tiene una alta probabilidad de atraer un "NO" como respuesta. *"Sra. Pérez, ¿ha oído usted hablar del entrenamiento funcional?"* Si tu prospecto no ha oído hablar de este tipo de entrenamiento podría responder en forma negativa, reduciendo tus posibilidades de cerrar la venta. Sin embargo, podrías hacer la misma pregunta de esta manera: *"Sra. Pérez, me gustaría compartir con usted los beneficios del entrenamiento funcional, ¿le parece bien?"* Puedes ver cómo ahora es más probable que tu prospecto diga "Sí", ¿cierto?

Sé que es muy difícil evitar la palabra "NO" por completo, pero con un poco de practica puedes reducir la probabilidad de recibir un "NO" hasta un 80%.

Interés

"Cuando las personas hablan, escuche completamente" – *Ernest Hemingway*

Entendiendo al Prospecto

Coloca siempre en primer lugar las necesidades del prospecto. Primero muestra interés por él, antes de darte a conocer y a las bondades de tu servicio (después tendrás tiempo para ello), pero en este momento interésate más por sus objetivos que por lo que tienes que decir. Pregúntale por su historial de ejercicios, si tiene o ha tenido lesiones y qué es lo que más le interesa. Conoce sus necesidades e intereses y demuestra un interés genuino. Utiliza estas 3 valiosas palabras al momento de recibir a un prospecto: *¿Cómo puedo ayudarlo(a)?*, escucha atentamente su respuesta, porque de ella dependerá el rumbo que tome la consulta inicial.

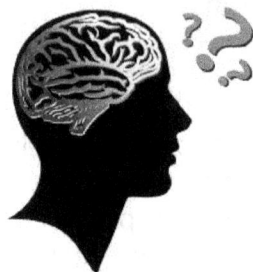

Si no está clara la necesidad debes, a través de preguntas, asistir a definir o establecer la necesidad. Las preguntas deben fomentar un ambiente de familiaridad, entendimiento y confianza, para ello debes tener una lista de preguntas que motiven a establecer una conversación (Utiliza las 4 preguntas básicas que te mencioné al inicio o elabora otras similares).

Desde el punto de vista del consumidor o cliente, un gran entrenador es descrito como alguien que es consciente de sus necesidades y deseos, y que además tiene la capacidad de establecer una relación, de escuchar y de motivar. Si sientes que ya tienes estas características, entonces... ¡tengo una gran noticia para ti! Estas son las mismas características de un vendedor exitoso.

Con el fin de vender tus servicios de entrenamiento personal tendrás que poseer estas mismas cualidades. Como entrenador personal no sólo estas vendiendo tu servicio (fitness), también te estás vendiendo tú como persona. Los prospectos están plenamente conscientes de que si deciden comprarte un programa de entrenamiento tendrán que interactuar contigo mientras dure todo su programa. Con el fin de hacer una venta, debes mostrarle a tus prospectos el valor de tu servicio y los beneficios del entrenamiento contigo frente a la competencia. Tendrás que motivar a tus prospectos para que actúen en ese preciso momento y compren sus sesiones de entrenamiento o programa. Sólo si están plenamente motivados es que ellos considerarán la idea de contratarte. Por lo tanto, el conocer que es lo que motiva a los prospectos nos permitirá entender mejor sus necesidades. Trata de entender que cambios en sus vidas los harían sentir bien y muéstrales como lo que tú les ofreces puede ayudarlos a conseguirlo. Proporciónales soluciones.

¿Qué es lo que motiva el comportamiento humano? Básicamente es el deseo de obtener algún tipo de placer o recompensa, o de evitar algo o alguna situación que provoque dolor o sufrimiento. Por lo tanto, conforme desarrolles el proceso de venta ten siempre presente que estas vendiendo una mejor calidad de vida, un camino para sentirse y verse mejor.

Testimonios

Una herramienta muy poderosa que debes utilizar, no sólo para atraer clientes nuevos, sino que para ayudarte en el proceso de venta, son los testimonios de clientes actuales o pasados. Así es, si posees un estudio o gimnasio propio pon fotos de "antes y después" que muestren los cambios que han logrado tus clientes en un lugar visible para que tu prospecto pueda verlos, de manera que mientras tu estés hablando

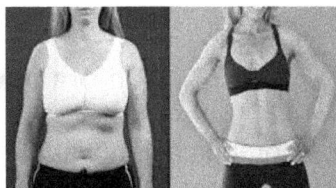

con él o ella, estos testimonios estén haciendo su trabajo también, el cual es brindar confianza al prospecto de que tienen frente a ellos a la solución a su problema. Si trabajas para un gimnasio o a domicilio, ten una carpeta preparada con fotos y testimonios de tus clientes para apoyarte en ellos cuando proporciones una consulta inicial a un prospecto. No hay nada más poderoso que poder comprobar con hechos el servicio que ofreces. Recuerda que los hechos convencen más que las palabras.

Deseo

Demuestra deseo de ayudar

En esta etapa, luego de haber identificado las necesidades del prospecto, el foco debe estar en demostrar un sincero deseo de ayudar para luego presentar las opciones destacando las ventajas con seguridad y convencimiento.

Para transmitirle tu deseo de ayudar al prospecto, debes evitar usar términos técnicos que el prospecto desconozca. No divagues en otros temas y sobre todo no ignores las preguntas que pudiera realizar el prospecto, ya que esto creará desconfianza. Utiliza un tono amable pero enérgico en toda tu presentación.

Mejora tu comunicación visual

La comunicación visual es la habilidad más importante entre tus herramientas de impacto personal, por lo tanto es imprescindible que la sepas utilizar si deseas transmitir un genuino deseo de ayudar. Los ojos son la única parte de tu sistema nervioso central que tiene contacto directo con la otra persona. Ahora bien, no pienses que simplemente hacer "contacto visual" es suficiente. Una buena comunicación visual significa más que una mirada casual.

El problema de la mayoría de nosotros es que cuando nos sentimos presionados, miramos hacia cualquier lugar menos hacia la persona que nos escucha. Nuestra mirada tiende a dispararse hacia todas partes como conejos asustados. Esto afecta nuestra credibilidad. Mirar hacia otra parte que no sea la persona con la que hablamos aumenta esa tendencia y hace que la persona que nos escucha se sienta incómoda.

Cuando hablamos con otra persona y estamos emocionados, entusiasmados y confiados, por lo general la miramos durante cinco o diez segundos antes de voltear la vista. Esto es natural en la comunicación entre dos personas. Esto es también lo que deberías hacer en esta situación. Las personas que escuchan se sienten cómodas con los cinco segundos en la mayor parte de sus comunicaciones, así que es lógico que cumplas esas expectativas.

Actitud profesional y amable

La actitud que proyectas como entrenador personal, tanto verbal como no verbal, es el resultado directo de las creencias y percepciones que tengas de tu profesión y de tus clientes potenciales, así como también de las situaciones que experimentas en el día a día.

Por lo tanto tienes que aprender a manejar todo esto, ya que la actitud que demuestres ante un cliente potencial jugará un papel muy importante en el proceso de venta.

En cuanto a tu profesión, tienes que verte a ti mismo como un profesional del fitness con la capacidad de impactar positivamente en la calidad de vida de tus clientes, esto hará que muestres una actitud de seguridad en ti mismo.

En cuanto a tus clientes potenciales, tienes que hacerte esta pregunta: ¿Cómo puedo ayudar a esta persona a conseguir lo que quiere?, esto hará que muestres una actitud de genuino deseo de ayudarle.

En cuanto al día a día, imagínate una reunión con un prospecto poco después de haber discutido con tu novia o novio. ¿Cómo crees que sería tu actitud? Entrarías a la cita en un estado de ánimo no muy alegre, ¿no crees? Si esto te sucede vas a pasar el Niagara en bicicleta intentando cerrar la venta.

Como podrás ver, no importa cuál sea tu situación, debes aprender a manejar tu actitud cuando se trata de un cliente potencial. La gente no quiere pagar el dinero que les ha costado tanto ganar por los servicios de alguien que tiene una mala actitud o que no demuestra un genuino deseo de ayudar. Por lo tanto revisa tu actitud antes de reunirte con tu prospecto.

Automotivación

Recuerdas lo que acabo de compartir contigo con respecto del entusiasmo y de cómo la emoción crea movimiento, pues bien para que tú puedas crear ese entusiasmo en el prospecto tienes que estar 100% motivado y una buena técnica para ello es el "monólogo de automotivación", esto no es nada más que "hablar contigo mismo". Esto puede parecer tonto al principio, pero es increíble lo bien que funciona. Puedes aumentar tu propia confianza y motivación simplemente hablándote a ti mismo como lo harías con otra persona.

La premisa fundamental de la auto-motivación es que las acciones personales desencadenan sentimientos personales, al igual que los sentimientos personales desencadenan acciones personales. Cuando se carece de estos sentimientos, no hay mejor manera de conseguirlos que comenzar a actuar como si estuvieran presentes. La mejor manera de no estar nervioso es actuar como si no estás nervioso. La mejor manera de tener éxito es comportarse como una persona de éxito. Y la mejor manera de estar seguro de sí mismo es comportarse como tal.

Técnicamente, esto se conoce como "racionalización". Las personas la utilizan todos los días para convencerse a sí mismos que pueden permitirse este o aquel gusto o artículo, con frases como "uno más no me hará daño", "mañana comienzo a hacer dieta" o "me lo merezco, para eso trabajo". La racionalización se sabe que funciona en estos casos y puede ser objeto de un uso positivo aquí utilizando frases como: "Soy el mejor y cerraré esta venta", "Soy un ganador, nadie puede contra mí", "Soy el mejor entrenador", etc. Repite frases como estas en privado antes de reunirte con un prospecto y verás cómo tu actitud cambiará y saldrás a recibir a tu prospecto con una sonrisa llena de energía positiva la cual podrás trasladar.

"La gente suele decir que la motivación no dura. Bueno, tampoco lo hace el baño - es por eso que recomendamos tomar uno cada día "-. Zig Ziglar

Promueve el cierre

Si has realizado con efectividad las etapas anteriores de esta estrategia, logrando captar su *atención* a través de una buena primera impresión, demostrando un genuino *interés* a la vez que realizaste una presentación con entusiasmo dejando ver un sincero *deseo* de ayudar y la capacidad para lograr un cambio positivo en el prospecto, el cierre o llamada para tomar *acción* debería de ser sencillo.

Para impulsar al prospecto al cierre de una venta tendrás que ofrecerle opciones y aprender a manejar todas las posibles objeciones que pudiera presentarte, para ello existen muchas estrategias que verás a continuación.

COMO VENCER LAS OBJECIONES

COMO VENCER LAS OBJECIONES

A menudo la parte más difícil del proceso de ventas es superar las objeciones de los clientes ofreciendo respuestas válidas y sinceras. La última cosa que quieres hacer es discutir con las preocupaciones de los clientes. Parte de la construcción de una relación de ventas exitosa incluye preguntas de sondeo para conocer un poco de su vida personal, el día a día, y usar esa información para validar sus objeciones y ofrecer soluciones que se adapten a su estilo de vida.

Es importante que entiendas que el 70% de las objeciones no son en realidad la razón verdadera por la cual tu prospecto no está comprando tu servicio. Estas son simples cortinas de humo que lanzan los prospectos para que tú no descubras la razón real.

Las objeciones aparecen en los prospectos por diferentes razones, pueden ser por imponerse al vendedor y darse importancia, por oponerse al cambio o porque simplemente no ven el valor de tu servicio. También pueden ser por indiferencia o porque necesitan mayor información para hacerse tranquilizar. Ahora bien, la mayoría de las razones para formular objeciones son de origen emotivo y hay que tener en cuenta que, generalmente, las personas muestran una vacilación natural a tomar una decisión, casi siempre por miedo a comprometerse o a cometer un error irreparable. Tratan de hallar el modo de justificar la compra o las razones para negarse a comprar. De una u otra manera, quieren más información y esperan que el vendedor pueda proporcionársela. Teniendo en cuenta que presentar objeciones es un comportamiento reflejo en muchas personas, debes estar tranquilo y escuchar hasta el final la objeción del prospecto, tratando de comprender qué es en realidad lo que éste quiere decir. No debes temer las objeciones ni considerarlas como un ataque personal, por lo que no debes reaccionar contraatacando, evita discutir con el prospecto. Es muy importante escuchar atentamente la objeción y no inventarse una respuesta que no sea real; tampoco debes rendirte aceptando las objeciones, como hacen algunos entrenadores que a las primeras de cambio dicen: "de acuerdo, nuestro servicio es caro pero…", o que tratan de culpar al prospecto y justificar el no haber podido vender con frases como: "él sólo estaba buscando excusas para no comprar" o "ella sólo estaba haciéndome perder el tiempo". Ten presente que la mayoría de personas que hacen tiempo para presentarse a una consulta inicial es porque tienen algún interés en comprar, pero si se marchan sin hacerlo es porque no fueron motivadas correctamente o porque se falló en el manejo de las objeciones que plantearon.

Por eso la estrategia para poder dar respuesta a las objeciones, debe pasar invariablemente por conocerlas y saber distinguir las verdaderas de las falsas.

Las falsas a diferencia de las verdaderas son fácilmente rebatibles, ejemplo:

➢ **Prospecto:** *Bueno, me gustaría pensarlo un poco más y regresar después.*
¿Realmente piensas que tu prospecto irá a su casa a meditar con respecto a contratarte o no? Claro que no, lo que realmente te está diciendo es que no ve suficiente valor en tu servicio que justifique su costo, de manera que tendrás que asumir esto y decir lo siguiente:

➢ **Tu:** *Sra. Pérez, realmente entiendo cómo se siente, sin embargo me gustaría saber si lo que le preocupa es el costo.*
En este punto el prospecto te dirá si ese es el caso o no. Si ese es el caso podrás ofrecerle otras opciones

o tratar de construirle mayor valor a tu servicio, pero si te dice que ese no es el caso entonces procederá a expresarte la razón real de no querer contratar tus servicios.

Recuerda que el 70% de las objeciones no son la razón verdadera por la cual tu prospecto no está comprando, y tu misión es averiguar cuál es para así saber cómo afrontarla.

En cambio una objeción verdadera, es algo que lleva razón, tienes que afrontarla de todas maneras e intentar minimizar el efecto de este supuesto fallo o defecto en comparación de todo lo demás, por ejemplo:

- ➤ **Prospecto:** *Es que tú eres muy joven y sin mucha experiencia.*

  Está claro que esto puede ser verdad, lo que no está tan claro es que esto sea un defecto y no algo positivo, en este caso tu podrías responder de la siguiente manera…

- ➤ **Tu:** *Es cierto que soy joven y que al ser nuevo en esto no tengo mucha experiencia, por eso mismo mi afán de atender y brindar un servicio con excelencia a mis clientes para que obtengan los resultados que buscan es mayor que los demás.*

  Como podrás ver, repetiste su objeción, la minimizaste y la compensaste con otros beneficios. El hecho de repetir la objeción con las mismas palabras que ha usado el prospecto le hace ver tu interés y preocupación en el asunto que plantea.

¿Cuántas veces has dado una gran presentación y una consulta inicial excepcional sólo para enfrentar objeciones como el tiempo, necesidad de consultarlo con la pareja, dinero y falta de compromiso? Seamos sinceros, las objeciones realmente pueden quitarte el impulso. A pesar de que ocuparse de algunas objeciones es una progresión natural del proceso de venta, toda la consulta inicial en su conjunto va a determinar cuantas objeciones tendrás que enfrentar al final.

A continuación te enseñaré algunas técnicas que te ayudarán a superar las objeciones.

La técnica de la anticipación

Esta es sin duda alguna la mejor técnica para superar una objeción, ya que te permite abordarla y eliminarla antes de que alguna vez se mencione. Puedes hacer esto mencionando las razones por las cuales muchos no logran alcanzar los resultados deseados. Explícale a tu prospecto que muchas personas utilizan excusas como el tiempo, el dinero y su cónyuge como una manera de evitar comprometerse. Antes de presentar tus programas pregunta a tus prospectos si están de acuerdo en que no van a usar estas excusas para retrasar por más tiempo el alcanzar sus metas. No creerás lo poderosa que es esta declaración. Literalmente estás pidiendo a tu prospecto que tire a la basura cualquier razón o motivo que pudiera tener para no comprar un programa de entrenamiento hoy.

La técnica del "¿por qué?"

Con esta técnica se formula una pregunta totalmente abierta a fin de conocer el motivo fundamental de la objeción, brindándote la oportunidad de estar en una mejor posición para reestablecer el valor y el sentido de urgencia basado en la objeción real. Por otro lado, esta técnica te permitirá que el prospecto evalúe su objeción y, en ocasiones, la considere infundada e injustificada.

La técnica de la transformación

Consiste en contestar la objeción por medio de transformarla a una pregunta, es decir, convertir la objeción en una pregunta. Así creamos un ambiente de cortesía y manifestamos un interés en concertar y, por tanto, en resolver. A continuación te daré un ejemplo de cómo podrías abordar una objeción:

- ➤ **Prospecto:** *No puedo pagar los servicios de un entrenador personal.*
- ➤ **Tu:** *Comprendo a que se refiere, Sra. Pérez. Parece que el valor de nuestros programas se salen de su presupuesto, ¿es así?*
- ➤ **Prospecto:** *Así es.*
- ➤ **Tu:** *¿De manera que si yo pudiera encontrarle un programa que se adecuara a su presupuesto, ya no habría ninguna razón por la que usted no iniciara un programa con nosotros hoy mismo?*
- ➤ **Prospecto:** *Así es.*

Como podrás ver ahora tienes la oportunidad de ofrecer otros de los programas que tienes, como por ejemplo el de 1 vez por semana o el programa de 2 personas al mismo tiempo si lo tuvieses, lo importante es que puedas encontrarle un programa que se ajuste a su presupuesto y de esa manera cerrar la venta.

La técnica de la multiplicación

Con esta técnica las objeciones se neutralizan con los beneficios. Aquí mencionarás a tu prospecto toda la gama de beneficios que obtendrá a partir de iniciar un programa de ejercicios contigo para intentar sobrepasar cualquier objeción. A continuación te daré algunos ejemplos de beneficios que podrías utilizar:

- ➢ *Sabía Ud. Sra. Pérez que al transformar su cuerpo a través del ejercicio y la correcta nutrición reducirá el estrés a la vez que aumentará su autoestima y confianza en sí misma, ¿no le parece grandioso?*
- ➢ *Al ejercitar su cuerpo, este liberará endorfinas que son conocidas como las hormonas de la felicidad, esto mejorará enormemente su estado de ánimo, ¿no le gustaría sentirse mejor cada día?*
- ➢ *¿Sabía Ud. Sra. Pérez que las personas que hacen ejercicio pueden llegar a verse hasta 10 años más jóvenes que aquellas que no lo hacen? ¿No le gustaría comenzar a verse más joven cada día?*
- ➢ *Sra. Pérez, usted me dijo que desea perder 15 libras de peso, ¿cierto? Imagínese lo bien que se verá al perder todo ese peso. Se necesitan dos cosas para poder perderlo, compromiso y saber cómo hacerlo. Comprométase en uno de mis programas hoy y yo usaré todo mi conocimiento para que juntos alcancemos su meta en el menor tiempo posible. ¿Está usted de acuerdo?*

La técnica de la división

Generalmente se da en objeciones al precio y consiste en dividir el importe en lo esencial y los componentes del precio. Aquí puedes aprovechar para mencionar los beneficios adicionales que ofreces por tus servicios, los cuales representan un valor agregado en tus programas, ejemplo de ellos pueden ser orientación nutricional, rutinas para realizar cuando están de viaje, evaluaciones periódicas, etc. También puedes utilizarla por medio de la división del total del valor mensual entre los 30 días del mes, así:

- ➢ **Tu:** *El programa que le he sugerido consiste en 12 sesiones al mes por $540 (12 x $45 por sesión). De* *manera que por sólo $18 diarios ($540 ÷ 30 días) que usted invierta en si misma le darán la figura y salud que siempre ha deseado, eso es menos de lo que le costaría una cena en un restaurante.*

Al utilizar esta estrategia minimizas el efecto del costo de tus servicios y los vuelves más accesibles.

Evita la palabra "pero"

Cuando anteponemos la fatídica palabra "pero" a una respuesta, estamos avisando de que vamos a contradecir lo que nos ha dicho la otra persona. A todos nos gusta que nuestras opiniones sean bien recibidas, tenidas en cuenta y valoradas como creemos que se merecen. Por lo tanto te recomiendo que practiques el evitar usar esta palabra y que mejor utilices expresiones afines o sinónimas como estas: *"ciertamente", "exacto y además", "agradezco su observación", "yo habría reaccionado igual y me gustaría explicarle".*

Hay muchas maneras de rebatir una objeción de forma elegante, positiva y con garantías de éxito. Utiliza las técnicas anteriores para poder manejar de forma efectiva las objeciones.

Conclusión

Recuerda que la técnica más efectiva para manejar las objeciones es anticiparse a ellas a través de toda tu presentación y así eliminarlas antes de que muestres los precios de tus programas. Cuando te encuentres con una objeción recuerda lo siguiente:
  ➢ Estar preparado para responder a cualquier objeción que se te plantee con elegancia y espíritu positivo.

- ➤ Ten previstas las posibles objeciones en la presentación de tus servicios y practica tus respuestas.
- ➤ Valora la observación del prospecto como si fuera la tuya propia y utiliza la fuerza de los argumentos que te da, en beneficios para él mismo.
- ➤ Elimina la palabra "pero" de tu vocabulario de ventas y, si es posible, de cualquier tipo de conversación. Tus interlocutores te lo agradecerán y tu capacidad de comunicación aumentará.

LOS 7 PASOS DEL PROCESO DE VENTA

LOS 7 PASOS DEL PROCESO DE VENTA

Un proceso se define como un conjunto de pasos ordenados y repetibles que tienen como fin un objetivo específico. La idea detrás de concebir a la labor de ventas como un proceso, es realizar los pasos ordenados una y otra vez hasta obtener siempre el mismo resultado: una venta. En la realidad esto no funcionará así desde el inicio, pero conforme vayas desarrollando las habilidades necesarias para realizar cada paso, estarás más cerca del objetivo planteado.

A continuación te daré los pasos para vender fitness. Como todo proceso, si sigues las instrucciones tendrás un producto final perfecto. Los siete pasos (o etapas) de una presentación de ventas exitosa (entrevista o consulta inicial) son:

1. Construir la relación
2. Enfocarse en los deseos
3. Demostrar valor a través de los beneficios
4. Crear urgencia
5. Crear compromiso
6. Justificar el precio
7. El cierre

1- Construir la relación

Ahora ya sabes que dentro de los primeros 60 segundos de una reunión con un prospecto, ellos ya se han formado su primera impresión de ti. Construir la relación con el prospecto empieza donde te deja la primera impresión. A medida que estableces una relación con un prospecto también estableces un mayor nivel de confianza. Sin un alto nivel de confianza y una buena relación acabarás frustrado y cansado de vender. ¿Por qué? Porque un posible cliente que no confía en ti no es probable que compre. Por el contrario, un prospecto que considere que tienes un interés sincero por ayudarle es diez veces más propenso a comprar. Por lo tanto, debes ganarte la confianza y lealtad del cliente potencial antes de presentar tus programas.

Imagínate si un desconocido te pidiera prestado tu coche por un día. Es muy poco probable que se lo prestaras, ¿cierto? En cambio, si alguien de tu confianza, como un amigo cercano o familiar, te lo pidiera prestado sería mucho más probable que lo hicieras. De igual manera, si un prospecto siente que se ha "conectado" contigo, tendrás muchas más posibilidades de venderles entrenamiento personalizado - es así de sencillo.

El construir una buena relación te puede tomar muy poco tiempo una vez que hayas dominado la habilidad. La manera más eficaz de establecer una relación es a través de la sinceridad. En este negocio debes tener un interés sincero en la gente. Aprende acerca de sus metas, sus niños, su familia y su vida laboral. Comparte con ellos tu historia (que sea breve). En otras palabras, rompe el hielo. Busca cosas en común, tales como los lugares que has visitado, las escuelas a las que has asistido o pasatiempos que te interesan. Usa el primer nombre del prospecto al hablar con él o ella. Recuerda que no hay sonido más dulce al oído de una persona que el sonido de su propio nombre.

La construcción de una relación se puede realizar desde el momento en que te encuentras con el prospecto, a lo largo de la consulta inicial o mientras te llena el cuestionario de aptitud. Es increíble cómo los prospectos se abren y te ayudan a vender una vez que sienten que una relación positiva se ha establecido.

"A las personas no les importa cuánto sabes, hasta que saben cuánto te importa."

2- Enfocarse en los deseos

Todo el mundo sabe lo que "necesita" hacer. Sus médicos, sus cónyuges y sus familias les dicen día a día que tienen que bajar de peso, que necesitan ponerse en forma, que tienen que comer mejor. ¿No crees que todo el mundo (inclusive tú) sabe exactamente lo que NECESITA hacer? Pero está en la naturaleza humana el ignorar nuestras necesidades con el fin de conseguir lo que queremos o deseamos. Es más, ¿sabías que hasta que tus necesidades no se conviertan en deseos no tomarás acción? Amigo(a), la gente hará hasta lo imposible y producirá dinero de la nada si puedes conseguir que sientan un gran deseo de QUERER contratar tus servicios, con esto no estoy sugiriendo que ignores las necesidades de un prospecto.

De hecho, te recomiendo que te centres en las necesidades de los prospectos una vez que se hayan convertido en clientes, ya que al ayudarles a satisfacer sus necesidades alcanzarán sus deseos. Veamos el siguiente ejemplo, tienes un prospecto el cual tiene el deseo de formar el "six-pack" tan ansiado por muchos, pero tiene sobrepeso debido a una mala alimentación y estilo de vida sedentario. Todo esto le ha ocasionado padecer de altos niveles de colesterol y presión arterial. Ahora bien, él sabe que necesita bajar de peso, hacer ejercicio y comer más saludable pero lo que él

realmente quiere (desea) es tener un abdomen plano y definido. Por lo tanto, para mantenerlo motivado debes enfocarte en como logrará su deseo a través de trabajar contigo, como definirá su abdomen con tu programa de ejercicios, como al perder medidas en su cintura podrá usar ropa más ajustada, etc. Una vez comience a trabajar contigo tendrás que enfocarte en sus hábitos alimenticos a la vez que se volverá más activo debido a tu programa de entrenamiento, todo esto le permitirá bajar de peso y acercarse cada vez más a su deseo (meta) y tú habrás trabajado en satisfacer sus necesidades.

Es por eso que en el proceso de venta debes entender las necesidades del prospecto, pero debes <u>enfocarte en sus deseos</u> hasta que realices la venta. Debes de encontrar que es lo que realmente los motiva a querer bajar de peso, ganar músculo, tonificar, etc. Puede ser una boda, un viaje, el verano que se acerca, una chica, etc. o puede ser realmente que su deseo sea mejorar su salud, pero el punto es que debes de averiguar que es lo que realmente los motiva para basar tu presentación en ese deseo y en como puedes ayudar a alcanzarlo.

"Averigua lo que la gente quiere y encuentra una manera de ayudarlos a obtenerlo"

3- Demostrar valor a través de los beneficios

Con el fin de realizar la venta deberás mostrar al prospecto el valor que tiene tu servicio por medio de todos los beneficios que recibirán cuando entrenen contigo, cómo les diseñarás un plan a su medida, de qué manera medirás su progreso, como lograrán sus metas en menos tiempo, etc.; beneficios que sólo podrán encontrar si te tienen a ti como su entrenador personal, en lugar de hablarles acerca de tus características como educación, certificación, años en la industria y filosofía de entrenamiento. Yo sé que puedes sentirte obligado a "educar" a los prospectos acerca de tus características, pero si deseas hacer la venta, muéstrales como se beneficiarán de todo lo que sabes al convertirse en clientes tuyos. Un ejemplo de esto es el siguiente diálogo:

"Señora Pérez, usted mencionó que quería unos abdominales más firmes. Vamos a trabajar juntos para dirigir los ejercicios que afirmarán y tonificarán su abdomen, y nos centraremos en sus hábitos alimenticios para realmente obtener un abdomen lo más plano posible."

Hazle preguntas a tu prospecto y escucha lo que desean o quieren. Luego, muéstrales los beneficios de tu servicio y cómo estos les ayudarán a alcanzar sus deseos.

Recuerda algo: *"La gente compra beneficios, no características"*

4- Crear urgencia

¿Alguna vez has visto el anuncio en la televisión que dice que llames en los próximos 10 minutos y te darán el doble del producto por el mismo precio? O has estado en un centro comercial en donde una tienda tiene un rótulo que dice "Solamente por hoy 50% de descuento". Estas son las técnicas probadas de ventas y marketing utilizadas para crear urgencia en ti, el consumidor, para hacerte actuar y comprar ya. ¿Crees que funcionan? ¡Puedes apostar que sí!

Crear un sentido de urgencia también se aplica a la venta de entrenamiento personalizado. Depende de ti el inculcar la urgencia suficiente en el prospecto para que te compre un programa en ese momento. Piensa en el número de veces que un prospecto parecía interesado en tus servicios, pero al final optó por no comprar. ¿Por qué crees que pasa? Una de las razones es la ausencia de un sentido de urgencia por tu servicio. ¿Sabías que tienes una enorme cantidad de influencia sobre el deseo de tu prospecto para comprar ya en comparación con el futuro? Así es, la tienes.

Una excelente manera de crear el sentido de urgencia es aderezar tu presentación inicial con frases para construir urgencia tales como:

- *"Sra. Pérez, sino se demora más y comienza su programa de entrenamiento personalizado hoy, en un mes Ud. notará cambios significativos en su cuerpo."*
- *"Sra. Pérez, puedo ver que para Ud. es muy importante alcanzar sus metas. Demuéstreme su compromiso para perder peso inscribiéndose en uno de estos programas y yo le demostraré mi compromiso regalándole 2 sesiones extra."*

Es tu trabajo el inspirar emociones de urgencia y deseo en tus prospectos que los motiven a realizar la compra. Con suficiente entusiasmo, motivación e inspiración cualquier prospecto puede ser convertido en comprador en el mismo día de la consulta inicial.

Recuerda: *"La emoción crea movimiento"*

5- Crear compromiso

El mejor ejemplo de lo que realmente es el compromiso se puede entender simplemente observando un desayuno de huevos con jamón. Como verás, para poder hacer ese desayuno el pollo estuvo involucrado, pero el cerdo... ese estuvo realmente comprometido☺.

Un prospecto comprometido es un comprador. Un prospecto comprometido es aquel que comparte contigo la misma emoción y entusiasmo por el fitness. Ahora podrías preguntarte como encontrar a un cliente que está tan excitado y motivado como tú por el fitness. El hecho es que no puedes. Es tu trabajo como profesional moldear la mente de los prospectos y emocionarlos acerca del fitness. La idea principal de dar una presentación o "consulta inicial gratuita" es la creación de compromiso. Entonces, ¿qué es compromiso? y ¿cómo crear compromiso en tu prospecto? En pocas palabras, el compromiso es una combinación de los primeros cuatro pasos del proceso de venta – Relación, Deseos, Beneficios y Urgencia.

Hay una técnica más que puede ser usada para crear compromiso, la cual he encontrado muy poderosa. Esta envuelve el uso de la psicología a tu favor. De hecho, todos los grandes vendedores y entrenadores de vendedores utilizan esta técnica que subconscientemente solidifica la venta. Esta técnica es llamada "cuestionario de amarre". El cuestionario de amarre es un sistema en el cual formulas preguntas al prospecto que lo conducirán a dar una respuesta específica, en este caso la respuesta que estas buscando es un "Sí". ¿Cuál es el beneficio del cuestionario de amarre? Ha sido psicológicamente comprobado que ciertas palabras ubican a una persona en un estado anímico específico. En otras palabras, ciertas palabras evocan emociones específicas. A esto se le llama señal de reacción.

Por ejemplo, ¿sabías que hay una palabra que cuando la mencionas automáticamente incrementa tu ritmo cardíaco, tu presión arterial y otros signos vitales? ¿Te gustaría saber cuál es esa palabra? Adivina… Mamá. Así es, la palabra Mamá o Madre cuando se dice en voz alta ha sido clínicamente comprobado que produce síntomas de ansiedad e incrementa los signos vitales. Interesante, ¿verdad? De igual manera las palabras "si" y "no" ubican a una persona en un específico estado mental. Por ejemplo, si tienes a tus prospectos de acuerdo contigo o dicen "sí" varias veces durante la consulta inicial, los habrás ubicado en un estado en donde habrá una mayor probabilidad de comprar. Dicho de otra manera, habrás evocado emociones positivas.

Por otro lado, si tus prospectos responden con la palabra "no" frecuentemente a través de la consulta inicial, encontrarás que tendrás una menor probabilidad de realizar la venta. La razón para ello es porque la palabra "sí" hace a tus prospectos ser más optimistas ya que liberan endorfinas, como a mi me gusta llamarlas, hormonas de la felicidad. La palabra "no" hace exactamente lo opuesto, tiene la tendencia a volver pesimistas a tus prospectos. La palabra "no", si se dice con frecuencia, reducirá tus oportunidades de realizar la venta.

Piensa en todas las veces que hemos escuchado la palabra "no" de una manera negativa hacia nosotros. Cuando eras niño se te dijo NO toques eso, NO comas aquello, NO hagas eso, NO vayas ahí, etc.… Esta programación psicológica hace que naturalmente nos desagrade la palabra "no".

Para un entrenador personal hambriento por ganar nuevos clientes, no existe nada más grande que un prospecto con un tremendo deseo de hacer un cambio en su vida y que además este hambriento por comenzar ese cambio ya. Tienes la habilidad para crear este compromiso con tu prospecto. Tu meta debe ser establecer una relación de confianza con cada prospecto, demostrarles como alcanzarán sus deseos, mostrarle a cada uno de ellos el valor y los beneficios del entrenamiento personalizado e inspirarlos para que tomen acción, por medio de crearles una increíble sensación de urgencia. Esto, en una palabra, es compromiso. Y un prospecto con compromiso es diez veces más probable que compre.

Recuerda: *"El compromiso produce clientes"*

6- Justificar el precio

"El precio siempre es un problema, solamente si usted suena igual que todo el mundo" - Paul Di Modica

Frecuentemente la raíz de una objeción podría ser el precio. Tu prospectos podrían decirte que ellos no pueden permitirse el costo de un entrenador, pero a lo que ellos realmente se refieren es que no ven suficiente valor en tu producto o servicio que justifique tu precio. ¿Ves a lo que me refiero? Cuando enfrentas una objeción de dinero, cada nueve de diez veces tu prospecto PUEDE afrontar tu servicio pero ESCOGE no hacerlo. Ahora bien, tu prospecto no va a decirte eso, él protegerá tus sentimientos diciéndote que el problema es la falta de fondos y que si él/ella pudiera costearlo lo haría. Pero permíteme traducirte eso, lo que realmente está diciéndote

es que tú fallaste en demostrarle el suficiente valor de tu servicio como para justificar que él/ella gaste el dinero que le cuesta tanto ganar en ti. Esto te podría parecer difícil de creer pero es la verdad.

Definitivamente tu prospecto debe tener lo suficiente para costear tus servicios de entrenamiento personalizado y poder convertirse en tu cliente. Sin embargo, ¿sabías que tienes una tremenda influencia en la percepción de costo y valor de tu prospecto? Verás, la disposición para comprar de una persona está determinada por el deseo de comprar. En otras palabras, si los prospectos perciben tu servicio como algo que vale la pena y de mucho valor para ellos, entonces ellos encontrarán una manera de costearlo. Si tú les das una presentación con entusiasmo o una sesión de entrenamiento llena de beneficios, con un valor mucho mayor al precio que actualmente estas cobrando, virtualmente estarías, cada vez, garantizando una venta. Sin embargo, si tu consulta inicial carece de entusiasmo, diversión, urgencia y emoción, entonces el prospecto podría sentir que el servicio que tú ofreces no justifica su costo y como consecuencia, no comprar.

A menudo entrenadores dirán que deben bajar sus precios para poder realizar la venta. Si les preguntas porque ellos sienten que deben bajar sus precios para ganar un cliente, usualmente te darán dos razones. La primera razón es que el prospecto no puede pagarlo, así que naturalmente el entrenador reducirá el precio de la sesión en lugar de aumentar la percepción de valor de la misma. La segunda razón por la cual los entrenadores sienten que deben bajar sus tarifas es porque la competencia cobra mucho menos, de manera que ellos sienten que deben de bajar sus precios para poder competir. Déjame decirte que si tú manejas un negocio de esta manera pronto te encontrarás fuera de negocio. El bajar los precios para competir es PERJUDICIAL para tu negocio – ¡punto! Si bajas tus precios te estas devaluando tu mismo, a tu educación y a tu industria. En lugar de eso debes averiguar por que tu prospecto siente que tu servicio no vale su precio. Cuando comiences a analizar el por qué encontrarás que, usualmente, se debe a una falta de valor percibido.

Examinemos la primera razón de por qué la mayoría de entrenadores reducen en precio por sesión. Si los prospectos te dan una objeción debes primero profundizar y encontrar cuál realmente es la objeción. Por ejemplo, una objeción como esta: "Necesito pensarlo" no es la objeción real, o ¿realmente crees que el prospecto irá a su casa a pensarlo? ¿Realmente crees que irán a sus casas a discutir esta compra con su cónyuge cuando toman todas las demás decisiones de compra ellos solos? O ¿simplemente están lanzando una cortina de humo? Si profundizas un poco preguntando "¿Por qué?" pronto encontrarás que la razón REAL de los prospectos para no comprar tu servicio es la falta de valor. La razón no es que ellos no puedan afrontar el precio, es que no quieren pagarlo. ¿Entendiste? Ellos están diciéndote que no comprarán tu servicio porque no pueden justificar el precio por los beneficios que perciben. Específicamente están diciéndote que no desean lo suficiente tu servicio como para pagar lo que tú estas cobrando. No es que no puedan pagarlo – es que no quieren pagarlo.

Por esta razón debes crear un gran valor y beneficios durante tu presentación, de manera que tus prospectos perciban un valor diez veces mayor al que tú estas realmente cobrando. Debes entender la diferencia entre la posibilidad que una persona tiene para comprar algo versus su deseo de hacerlo. La mayoría de las personas tienen la posibilidad para comprar por lo menos una sesión por semana, sin embargo primero tienen que tener el deseo de hacerlo. Ahí es en donde tú entras porque tienes la habilidad para influenciar grandemente su decisión de compra. Vender basado en el precio no es la manera de hacerlo. Si te encuentras vendiendo en base al precio entonces comienza a analizar inmediatamente lo que puedes hacer para incrementar el valor percibido de tu servicio.

Ahora examinemos la segunda razón por la que entrenadores reducen sus precios por sesión. Esta razón usualmente se basa en el hecho que su competencia esta cobrando menos, así que ellos sienten que también deben reducir sus precios para poder competir. Esto no es cierto, de hecho te mostraré como puedes distinguirte de tu competencia de manera que el cliente potencial no te comparará con ella.

Por ejemplo: ¿Estarías de acuerdo en que Dodge y Ferrari fabrican automóviles? (espero que sí). Ambos vehículos

satisfacen la necesidad de transportarse. Así que ¿por qué hay una diferencia de $200,000 en el precio? Bueno, porque Ferrari tiene una propuesta única de venta con la que Dodge no puede competir. Ferrari te da características, beneficios, calidad, exclusividad y servicio que Dodge simplemente no puede ofrecer. He aquí un ejemplo.

¿Sabías que si nunca has tenido un Ferrari no puedes comprar uno nuevo la primera vez? Así es, tienes que primero comprar uno usado y tenerlo por un tiempo para luego poder tener la oportunidad de optar por uno nuevo. ¿Sabías que si tú poseyeras un Ferrari el distribuidor lo recogería de tu casa u oficina con un camión grúa para cada servicio de rutina? De hecho, ellos te lo devolverían lavado, aspirado y con las llantas rotadas ese mismo día. Y si necesitarás un vehículo prestado – no habría problema porque ellos te darían otro Ferrari para que lo manejaras hasta que te devolvieran el tuyo. ¿Alguna vez haz observado a Dodge competir con Ferrari? Claro que no, porque simplemente no puede. Pero te apuesto a que si has visto a Dodge competir con Ford, ¿cierto? Esto se debe a que ellos están en la misma liga.

De manera que, lo que tienes que hacer es ponerte a ti mismo en una liga propia que te permita ser el Ferrari entre una industria llena de Dodges.

Entonces, el meollo de todo esto es que tú nunca tendrás que vender tus servicios en base al precio si puedes identificar tu propuesta única de venta y logras crear un valor percibido enorme.

Tu meta: *"Entender la posibilidad de compra del prospecto versus su deseo de comprar"*

7- El cierre

A continuación verás la mejor manera de presentar los programas. Con el fin de mantener las cosas simples te referirás a precios o paquetes como programas. Con frecuencia, un entrenador pierde una venta debido a una pobre presentación de sus programas. Este método tendrás que ensayarlo bien antes de presentar tus programas a un prospecto, a esto se le llama "apretar el gatillo" o "pedir la venta". Si inviertes una hora de tu valioso tiempo dando una presentación y una sesión de entrenamiento gratis a un prospecto entonces mereces realizar la venta, ¿cierto? Ahí no hay absolutamente ninguna razón para no pedir la venta. De hecho, fallar en pedir la venta es una injusticia para los clientes potenciales, porque podrían nunca hacer la compra a menos que les des la oportunidad. Y sino hacen la compra, ellos nunca experimentarán los beneficios que el ejercicio bien dirigido les puede dar. Por lo tanto, como profesionales del fitness estamos obligados a pedirles la venta a los prospectos en cada ocasión. ¿Estas de acuerdo?

Los 5 pasos de un cierre

La mayoría de entrenadores que no aprietan el gatillo se sienten inseguros de ellos mismos cuando viene el momento de discutir sobre dinero, y por lo tanto hacen un medio intento por cerrar la venta. O ellos simplemente presentan cuanto cobran por hora y esperan que el prospecto diga, "Si, lo tomaré". Ambos métodos usualmente te dejarán decepcionado y quebrado. El cerrar una venta es una destreza que requiere una sincronización quirúrgica y mucha practica para dominarla. Cada entrenador debe tener un muy bien ensayado discurso de cierre que incorpore los cinco pasos siguientes.

1. Obtener una confirmación positiva
2. Presentar claramente tus programas (opciones)
3. Convertirse en el asesor del comprador
4. La llamada de acción
5. Guardar silencio

Aquí esta un ejemplo de un gran cierre que usa estos cinco puntos:

Primero – Obtener una confirmación positiva: *"Sra. Pérez, Ud. claramente ve los beneficios que tiene el* *ejercicio y el trabajar con un entrenador personal, ¿cierto?"* (Espera a que el prospecto afirme tu declaración con un "sí") *¿Ud. también entiende que juntos podemos alcanzar rápidamente sus metas y de manera permanente?* (Espera nuevamente por el "sí")

Segundo – Presenta tus programas: *"Entonces déjeme mostrarle los programas que tengo disponibles para Ud. El primer programa que tengo es de dos veces por semana, el cual requiere sólo una inversión de XX por sesión. El segundo programa que tengo para Ud. es de tres veces por semana, el cual sólo requiere una inversión de XX por sesión, y finalmente tenemos el programa de cuatro veces por semana el cual requiere una inversión de XX por sesión".* (Observa como ofrecí por lo menos tres opciones para escoger, esto es para preparar al prospecto para el tercer paso).

Tercero – Como asesor del comprador sugiere opciones: *"Basado en sus metas y su nivel de experiencia, yo le sugiero que comencemos con el programa de tres o el de cuatro veces por semana".*

Cuarto – La llamada de acción: *"¿En cuál de estos dos programas podemos comenzar con Ud. hoy?"*

Quinto – Guarda silencio: No digas ni una palabra después de la llamada de acción. Espera a que el prospecto de su respuesta. Es un hecho comprobado que la primera persona que habla después de que tú pides la venta, pierde. Aún si el prospecto no habla por varios minutos, no digas una palabra. Simplemente permanece sentado con una sonrisa en tu cara y espera a que el prospecto de su respuesta.

Revisemos los cinco pasos del proceso de venta en detalle:

Primero – Obtén una confirmación positiva

Al recibir una confirmación positiva o compromiso una última vez, habrás preparado a tu prospecto para que diga "sí" a tu oferta. Una última confirmación positiva te ayudará a preparar mentalmente al prospecto para la compra que esta por realizar. Antes de presentar tus programas di esto: *"Sra. Pérez, ¿Ud. ve como un plan de ejercicios y nutrición personalizados puede ayudarla a alcanzar permanentemente sus metas?"* La única respuesta a esta declaración poderosa es Sí, ¿no crees? Y aquí tendrás tu confirmación final, ahora eres libre de presentar tus programas con total confianza.

Recuerda que los estudios han demostrado que la palabra "sí" crea un estado mental positivo, así que entre más frecuente ayudes a tu prospecto a que diga "sí", mayor oportunidad tienes de concretar la venta.

Segundo – Presenta tus programas claramente

El presentar los programas a un prospecto en una forma confusa y difícil de entender mata la venta. Cuando presentas los programas quieres estar seguro que los muestras en una forma que es fácil de entender y digerir. Tú querrás asegurarte que tus prospectos entiendan por completo los programas y el proceso de pago para que no tengas que gastar un tiempo valioso en re-explicar lo que cada programa hace, porque cuesta lo que cuesta, etc.

Por esta razón no debes de presentar más de tres programas a la vez, aún si tienes otros diez programas para mostrar. Sólo presenta los mejores tres, y preséntalos de una manera en donde camines con el prospecto a través de cada programa. Lentamente explica cada programa de forma clara y luego avanza al siguiente.

Lo último que quieres es perder la venta porque tu prospecto perdió interés después de no entender la estructura de precios o cómo trabajan los programas. Si los prospectos sienten que no entienden tus precios estarán más propensos a no comprar. No ofrezcas programas confusos con escalas de precios que toma tiempo para explicar. De hecho, si te encuentras teniendo que explicar tus programas más de una vez, entonces son muy confusos.

Presenta las opciones de forma clara y sencilla cuando hagas la presentación de los programas. Aunque tengas más programas diferentes para ofrecer no pongas todas tus cartas sobre la mesa, ya que eso sólo confundirá al prospecto y no te dejará nada más a que recurrir como respaldo. En lugar de eso, presenta los tres programas más populares de una manera clara que tu prospecto entienda por completo y pide la venta. Abajo te muestro un ejemplo de cómo presentar los programas y que decir exactamente.

Una vez hayas terminado tu presentación obtén una última confirmación positiva y di lo siguiente mientras escribes en un hoja de papel los programas: *"Sra. Pérez, ¿puede Ud. ver como el ejercicio personalizado y un plan de nutrición le ayudará a alcanzar sus metas de forma permanente? (Espera la respuesta del Sí) Entonces permítame mostrarle los programas de entrenamiento que están disponibles para Ud. hoy. El primer programa es de dos veces por semana a sólo $55 por sesión. El siguiente son tres veces por semana a sólo $45 la sesión. Y nuestro programa más popular es este de cuatro veces por semana a sólo $40 la sesión. Sra. Pérez, de estos tres programas que tengo para ofrecerle, yo personalmente siento que cualquiera de estos dos* (hago un circulo en los dos que recomiendo) *la beneficiarán más,* *basado en todo lo que Ud. compartió conmigo acerca de sus deseos y necesidades. ¿Con cuál de ellos quiere Ud. comenzar hoy?"*

Aquí esta como se debe ver la hoja de papel cuando termines de mostrar los precios:

2 sesiones x semana = $55 cada sesión
3 sesiones x semana = $45 cada sesión
4 sesiones x semana = $40 cada sesión

Como puedes ver, los programas que presentaste son fáciles de describir y entender. Sólo presentarás los programas de dos, tres y cuatro veces a la semana, y no mostrarás el programa de una vez por semana, no mostrarás el programa de 5 sesiones por semana y no mostrarás el programa de dos personas al mismo tiempo (a menos que sean dos personas que quieran y puedan entrenar juntas). Deja todas las demás opciones existentes como alternativas para tener que ofrecer en caso de que lo anterior no funcione.

El vender por medio de ofrecer opciones es, por mucho, una de las más grandes herramientas de venta que podrás tener. Aquí esta como trabaja. Como consumidor o comprador usualmente tienes una decisión que hacer una vez encuentras el producto o servicio que te interesa. Esa decisión es: ¿Lo compro o no? La decisión de comprar o no pone al vendedor (ese eres tú) en una muy mala posición. ¿Por qué?, porque si el consumidor compra el vendedor hace dinero, pero si el

consumidor no compra entonces el vendedor no hace dinero. De hecho, el vendedor realmente pierde dinero – en forma de tiempo.

Imagina por un momento este caso. Un cliente potencial te llama y hace una cita para aprender más acerca de tus servicios de entrenamiento. Entonces programas esa cita para el próximo día y el prospecto aparece. Al final de la presentación el prospecto te pregunta cuando cobras por el entrenamiento personalizado. Emocionante, ¿cierto? Parece que tienes a un comprador en tus manos, después de todo, él llamo porque estaba interesado y ahora esta preguntando por el precio.

Si a este punto tú le dices al prospecto que cobras $55 por una sesión de 45 minutos, le habrás dado a tu cliente potencial la decisión de hacerlo o no. La decisión es: Sí compraré entrenamiento personalizado o NO compraré entrenamiento personalizado. En otras palabras, te habrás dado un 50% de probabilidad de lograr la venta basada en la decisión del prospecto.

En cambio si basas la decisión de compra del prospecto entre la opción "A" o la opción "B", incrementarás dramáticamente la probabilidad de hacer la venta. Eso es realmente lo que estas haciendo al encerrar en un circulo las dos opciones que le sugieres a tu prospecto.

Tercero: Conviértete en el asesor del comprador

Durante la consulta inicial tienes varias tareas que realizar. Una de ellas es crear confianza, relación y lealtad con tu prospecto, porque una vez que la evaluación física o la sesión de entrenamiento hayan concluido, te vas a quitar el sombrero de entrenador y te pondrás el de vendedor.

Si estableciste una relación adecuada con tu prospecto tendrás una única oportunidad de convertirte en el asesor del comprador en lugar de un vendedor. ¿Entiendes esto? Ser el asesor del comprador en lugar de un vendedor. ¿A qué me refiero con esto?, ¿alguna vez has visto a una pareja comprando juntos? Cuando ellos van a hacer la compra, se consultan entre ellos. En otras palabras, la esposa o el esposo se convierte en el asesor del comprador. El asesor del comprador usualmente es la persona en la cual el comprador confía para ayudarle a tomar la decisión de compra.

Por lo tanto, si construiste correctamente la relación habrás ganado la confianza de ese prospecto para ser su asistente de compra. Tendrás esta única oportunidad para ser parte del proceso de decisión de compra. ¿No es eso lo que quieres?

Aquí esta como trabaja. Una vez que hayas presentado tus programas, circula gentilmente los programas que tu sientes que trabajarán mejor para tu prospecto y di: *"Sra. Pérez, de estos tres programas que tengo para ofrecerle, basado en todo lo que Ud. me compartió acerca de sus necesidades y metas, personalmente siento que cualquiera de estos dos programas la beneficiarán más".*

2 sesiones x semana = $55 cada sesión

3 sesiones x semana = $45 cada sesión

4 sesiones x semana = $40 cada sesión

Como el asesor del comprador tienes el derecho de sugerir cuál programa sientes que debería considerar, y si el comprador se siente en confianza contigo tomará seriamente tu consejo al momento de tomar la decisión de compra. Se ha encontrado a este particular enfoque una de las más grandes destrezas que cualquier persona puede adquirir. Pero, tienes que ser honesto(a) en tus sugerencias y realmente querer lo mejor para tu futuro cliente. Si sientes que el programa que te deja mejores ganancias no es el mejor para él o ella entonces no se lo sugieras. Después de todo, si has jugado bien tus cartas este cliente puede ser más que una venta, él o ella puede ser una fuente de miles de dólares en referidos y será más propenso(a) a continuar comprándote en el futuro. De manera que se honesto y sincero porque cualquiera puede oler a un mentiroso.

Cuarto: La llamada de acción

Este es el paso del proceso de cerrar una venta en donde el 75% de todos los entrenadores personales pierden la venta después de haber dado una presentación estelar. Y aquí esta la causa, ellos no perdieron la venta porque el prospecto no estaba interesado, ellos perdieron la venta porque fallaron en pedirla.

¿Qué es una llamada para tomar acción? Una llamada para tomar acción es… pedirle a tus prospectos que tomen una acción específica basada en hechos que tienen a la mano. En este caso tú le estarás preguntando a tu prospecto que seleccione comprar un programa.

¿Qué NO es una llamada para tomar acción?

"Yo cobro $55 por una hora. ¿Quiere comprarme unas cuantas sesiones?"
"Estos son los paquetes que tengo... ¿qué le parecen?"
"¿Quiere ver mis programas y lo que cuestan?"
"¿Cuantas sesiones quiere comprar?"

Los pobres intentos de arriba NO son llamadas para tomar acción. Estos son la mejor manera de pedirles a los prospectos que huyan, y que lo hagan rápido. Si acabas de trabajar muy duro por 60 minutos instruyendo a un proyecto con una gran presentación, en donde compartiste con él o ella el plan de trabajo para que logre la mejor forma de su vida, identificaste sus necesidades y deseos, ganaste su confianza y quizás hasta les diste una sesión de entrenamiento. Entonces, ¿por qué harías un intento tan pobre por realizar la venta?

De ahora en adelante quiero que veas a la llamada para tomar acción como el paso más importante en el cierre del proceso de venta. La llamada para tomar acción debe tener una precisión quirúrgica, debe estar enfocada como un rayo láser, directo en el objetivo. Analicemos la llamada para tomar acción que utilizarás en el proceso de venta. Ésta, esta basada en las enseñanzas de algunos de los más grandes entrenadores de ventas de todos los tiempos. Aquí esta:

¿Con cuál de estos programas podemos nosotros comenzar hoy?

¿Qué es lo mágico de estas nueve palabras? Es realmente simple, pero no dejes que su simplicidad te engañe. Dale un vistazo a esta llamada para tomar acción, nota como esta pregunta no puede ser respondida con un "sí" o un "no". De manera que ya le quitaste la posibilidad a tu prospecto de simplemente decir: "No, no lo quiero". De hecho, las palabras "CON CUAL" le piden al prospecto que escoja entre uno u otro. Además le estas pidiendo que tome la decisión HOY. Pero hay más, nota como estas usando la palabra NOSOTROS en lugar de Ud. En otras palabras, le estas tranquilizando diciéndole que no estará solo(a) en este viaje.

Dila en voz alta: *¿Con cuál de estos programas podemos nosotros comenzar hoy?* Acostúmbrate a esta pregunta, hazla tuya y dila con comodidad y confianza porque te mereces realizar la venta este día. Te lo haz ganado y el prospecto lo quiere, ésta es una combinación perfecta.

Quinto: Guarda silencio

Esto es sencillo de hacer, ¿cierto? Una vez hayas pedido la venta (también conocida como la llamada de acción) no tienes más que decir, es tiempo de guardar silencio y dejar que el prospecto haga una de dos cosas: él o ella escogerán uno de los programas que tú le presentaste o te hará una pregunta. Es un hecho comprobado que la primera persona que habla después de la llamada para tomar acción es la que pierde. No tengo idea de porque esto es así, pero puedo decirte que cada coach de ventas multimillonarias y de negocios están de acuerdo con este hecho. Es un hecho universal de las ventas en el que puedes confiar. Si hablas después de la llamada para tomar acción, simplemente perderás la venta.

En este punto del proceso del cierre de una venta tú has obtenido un compromiso final de parte del prospecto.

Claramente has presentado tus programas para que no haya confusión. Le has dado opciones para escoger y te has convertido en su asesor de compra asegurándole que esas son las mejores opciones que tiene para lo que quiere y necesita. Finalmente le has pedido que decida cuál es la mejor opción para él o ella para comprar, de manera que hoy la pelota está de su lado. Ahora déjalo pensar, déjalo que reflexione y déjalo que hable primero.

Así que… ¿qué haces una vez has hecho la llamada para tomar acción? Solamente permanece sentado(a) en tu silla con una sonrisa cómoda y tranquilizadora, con los dedos de tus manos entrelazados delante de ti y espera. Pero, ¿qué pasa si el prospecto no dice nada? Entonces sólo continua sentado(a), confiado(a), cómodo(a), agradable y sonriendo. Si pero, ¿y si no habla por unos minutos? Eso esta bien, porque eso te dice que esta seriamente considerando tu oferta, y si interrumpes sus pensamientos podrías perder por completo la venta.

> *"La única presión durante una presentación profesional de ventas debe ser el silencio que ocurre después de hacer la pregunta de cierre." – Brian Tracy*

A propósito, ¿te gustaría saber que palabras NO USAR durante tu presentación de venta y cuáles USAR?

La universidad de YALE y Thom Norman, uno de los entrenadores favoritos de ventas de América, encontraron que las siguientes palabras, cuando se utilizan en tu presentación de ventas, han sido comprobadas que aumentan la probabilidad de que tu prospecto realice la compra.

ENTENDER – COMPROBADO – SALUD – FACIL – GARANTIZA – INVERSION – SEGURIDAD – AHORRO – NUEVO – DESCUBRE – CORRECTO – RESULTADOS – VERDAD – COMODIDAD – ORGULLO – GANANCIA – DERECHO – FELIZ – CONFIANZA – VALOR – DIVERTIDO – VITAL – TU – SEGURIDAD – VENTAJA – POSITIVO – BENEFICIOS – AMOR

De igual manera, las siguientes 24 palabras pueden matar por completo una venta y dejarte preguntándote en donde te equivocaste:

TRATO – COSTO – PAGAR – CONTRATO – FIRMAR – TRATAR – PREOCUPAR – PERDIDA – PERDER – DAÑO – COMPRAR – MUERTE – MALO – VENDER – SÓLIDO – PRECIO – DECISION – DIFICIL – OBLIGACION – CONFIANBLE – FALLAR – RESPONSABILIDAD – FRACASO – DIFICULTAD

Algo más sobre el entusiasmo

Quiero reiterarte algo que te mencioné al principio en este libro porque siento que es importante. No subestimes el poder del entusiasmo, realmente es el pegamento que mantiene unido a todo el proceso de venta. Como dije antes, el entusiasmo por si solo incrementará tu ingreso. El entusiasmo por si solo te ayudará a atraer más prospectos y realzará tus perspectivas personales sobre la vida. Desde el momento en que te levantes hasta el momento en que te duermas, permanece positivo(a), optimista, enérgico(a) y dinámico(a). Nunca permitas que se desvanezca la sonrisa de tu cara, porque nunca sabes cuantas personas estarán observándote en ese preciso momento y considerando entrenar contigo.

¿Por qué la "Consulta Inicial Gratis"?

Consulta Gratis

Porque antes de discutir los precios de tus servicios con tus prospectos tienes que demostrarles el valor de lo que les estas ofreciendo, y eso sólo lo puedes lograr si tienes el tiempo y sabes cómo hacerlo. Además es una forma fácil de romper la barrera del escepticismo que puedan tener los prospectos con respecto de tus servicios. ¿Qué haces cuando vas a comprar un par de zapatos o un equipo de sonido nuevo? lo pruebas primero, ¿cierto? Pues aquí es lo mismo. Están dándoles la oportunidad a los prospectos de que prueben tu servicio para ayudarlos a decidirse.

A continuación te explicaré las 3 etapas en que dividirás la consulta inicial. Pero antes quiero que recuerdes que NUNCA debes dar el precio de tus servicios sin antes preparar a tus prospectos para ello, de manera que si alguien te hace la pregunta del millón: ¿Cuánto cobras por tus servicios o por sesión de entrenamiento?, debes siempre responderle que para poder darle un precio necesitas saber más de él o ella y que para ello necesitas de más tiempo, en ese momento ofréceles una consulta completamente gratis para poder discutir y evaluar mejor sus necesidades y deseos. Adviérteles que deberán presentarse a la consulta en ropa de ejercicio porque les darás una muestra de tu servicio sin costo alguno. Tienes que demostrarles que eres un profesional que toma su trabajo muy en serio y que sería irresponsable de tu parte dar un precio sin antes saber más sobre ellos.

No importa cuán insistente sea el prospecto en querer averiguar el precio de tus servicios, no se los proveas. Recuerda que te encontrarás con muchas personas que sólo andan "pescando" precios, pero que en realidad no están interesadas en contratar a un entrenador personal. Puedes estar seguro(a) que si el prospecto está realmente interesado en contratarte aceptará tu ofrecimiento, después de todo… ¿qué podría perder? Es "GRATIS".

Las 3 etapas de una "Consulta Inicial Gratis":

1. **Los primeros 15 minutos.** En este tiempo además de crear una primera buena impresión, tratarás de obtener la mayor cantidad de información posible de tu prospecto. Este es el momento en que el prospecto llenará el Cuestionario de Aptitud y cualquier otra forma que ocupes. Aquí comenzarás a construir la relación, a demostrarle interés por sus metas. Este es el momento en que ocuparás los testimonios de clientes actuales o pasados para darle la confianza de que tiene frente a él o ella la solución a su problema.

2. **Los siguientes 20 minutos.** Este tiempo lo utilizarás para darle una pequeña muestra de tu servicio al prospecto, realizando un pequeño entrenamiento enfocado en los deseos y necesidades que compartió contigo en los primeros 15 minutos. Este es el espacio de tiempo más importante de la consulta inicial, aquí le demostrarás además de la calidad de tu servicio, cómo se puede beneficiar y cuánto te importa a ti el que alcance sus metas. Durante este espacio de tiempo no sólo estarás entrenando al prospecto, sino que también

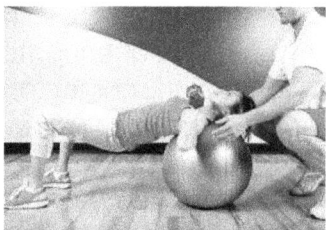

realizarás preguntas que te ayudarán a manejar mejor el proceso de venta. Aprovecha este tiempo para averiguar su ocupación, metas, temores, etc. También debes realizar un entrenamiento ameno, nuevo, divertido y lo suficientemente desafiante para el estado físico del prospecto. Si bien es un tiempo limitado, debes aprovechar para educarlo y explicarle la importancia de realizar los ejercicios con la técnica correcta. Aquí es en donde tienes que demostrarle tu profesionalismo y capacidad para seguir ganando su confianza y darle la tranquilidad de que está en buenas manos. Otra ventaja que te brinda el realizar un entrenamiento efectivo de 20 minutos, es la oportunidad de reforzar la efectividad que tendría una sesión completa contigo, ya sea que ofrezcas sesiones de 30, 45 o 60 minutos. Para ello puedes hacerle esta pregunta al prospecto: *Sra. Pérez, acabamos de realizar un entrenamiento de 20 minutos en el cual atacamos las áreas que más le preocupan y fue algo demandante, ¿cierto?; ¿ahora imagínese los resultados que vamos a lograr cuando realicemos una sesión completa?*

Esta simple pregunta te ayudará a reforzar la confianza del prospecto y lo preparará para la etapa final.

3. **Los últimos 25 minutos.** Luego del entrenamiento de 20 minutos tu prospecto además de estar cansado☺, estará animado ya que su cuerpo habrá liberado endorfinas, por lo que no encontrarás un mejor momento para hacer la presentación de tus programas que éste. Recuerda que para este momento tú ya conocerás sus metas, aspiraciones, etc. Además ya habrás establecido una relación, ganado su confianza, demostrado interés y deseo de ayudar, por lo que el prospecto estará deseoso de que lo "asesores" en la compra de tus servicios. Este

es el espacio de tiempo para realizar la presentación de tus servicios en donde incorporarás los pasos, estrategias y técnicas de venta que descubriste en este libro. Tu presentación deberá automáticamente sobrepasar objeciones, crear deseo y construir necesidad y urgencia. Deberá mantener enfocado y entusiasmado al prospecto y obteniendo respuestas afirmativas de su parte en todo momento. Tu presentación deberá incorporar los 5 pasos del cierre que te expliqué anteriormente. Recuerda ensayar previamente esta presentación para que no parezca que estas recitando un poema, sino que fluya y luzca espontánea. A este punto, si has realizado todo como te lo he detallado en este libro, sólo te queda una cosa más por hacer, y es... felicitar al prospecto por haber dado el primer paso hacia sus metas.

¡Felicidades!, realizaste la venta.

La preparación es fundamental

Para tener éxito en cualquier actividad que desarrolles tienes que prepararte con anticipación, y las ventas no son la excepción. A continuación te muestro una lista de lo que debes hacer antes de realizar una presentación de tus servicios de entrenamiento personalizado:

- ➢ Asegúrate de conocer todas las ventajas y beneficios de tus programas
- ➢ Conoce quienes son tus competidores y que ofrecen
- ➢ Piensa cuidadosamente lo que vas a decir y organiza tu planteamiento
- ➢ Establece tu estrategia de apertura

- ➢ Prepara tu presentación por escrito
- ➢ Anticipa posibles objeciones y practica tus respuestas
- ➢ Practica toda tu presentación de ventas hasta que la realices con maestría

Un último consejo

Recuerda que si bien al dominar el proceso de venta lograrás obtener muy buenos ingresos, esto por sí solo no es suficiente si deseas que además de buenos sean "estables y con tendencia al alza", ya que para ello tendrás que proporcionar RESULTADOS a tus clientes.

Son estos (los resultados) los que harán que esos clientes, a los que gracias a un proceso de venta bien ejecutado lograste venderles tus servicios sigan siéndolo y te refieran más clientes potenciales. Si no brindas un buen servicio que produzca resultados satisfactorios a tus clientes, no habrá habilidades de venta que mantengan a flote un negocio de entrenamiento personalizado, ya que no podrás lograr una permanencia a largo plazo y una buena fuente para referidos, requisitos básicos para el éxito de todo negocio de servicios.

> *"La mejor publicidad es la que hacen los clientes satisfechos" - Philip Kotler*

> *"Hagas lo que hagas, hazlo tan bien para que vuelvan y además traigan a sus amigos" - Walt Disney*

> *"Si no cuidas a tus clientes, alguien más lo hará por ti" - JC Mendoza*

TENGO UN REGALO PARA TI

Envíame por email un pequeño testimonio sobre cómo la información que he compartido contigo en este libro te ha ayudado en el éxito de tu negocio, que habilidades aprendiste para conseguir nuevos clientes o retener por más tiempo los ya existentes, cuantas sesiones de entrenamiento personalizado has logrado vender utilizando las estrategias de este libro, y yo te enviaré todas las formas que necesitarás para crear un expediente profesional para cada cliente. Dentro de estas formas encontrarás:

- ✓ Cuestionario de Aptitud para la Actividad Física
- ✓ Forma para la Evaluación del Rendimiento Físico
- ✓ Hoja de Control de Medidas y Porcentaje de Grasa
- ✓ Formulario de Autorización del Médico (para clientes con algún problema de salud)
- ✓ Acuerdo de Liberación de Responsabilidad
- ✓ Acuerdo para la Prestación de Servicios de Entrenamiento Personalizado

Estas formas tienen el respaldo de más de 25 años de experiencia en la industria. Las cuales he creado (algunas con ayuda de abogados) y adaptado para brindar un servicio con excelencia y a la vez proteger mi negocio de cualquier situación adversa. Si decidiera ponerlas a la venta no lo haría por menos de $200, pero te las estoy obsequiando completamente GRATIS a cambio de un testimonio honesto y sincero de tu parte.

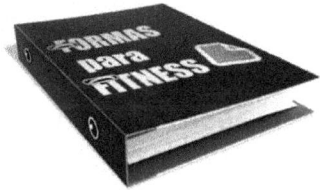

Envíame tu testimonio a: jcmfitness@gmail.com

PD: Si deseas puedes enviar una foto junto con tu testimonio, ya que estos testimonios serán publicados en la página oficial de este libro.

¿Te gustaría tener el cuaderno de registro perfecto para llevar al gimnasio, el cual te permita evaluar y analizar cada estrategia que implementes para alcanzar tus metas y/o las de tus clientes?

El llevar un registro de todo lo que haces y cómo lo haces es vital para alcanzar tus metas y las de tus clientes a través del ejercicio. Seamos realistas, si tienes buena memoria puede que recuerdes como y que pesos o ejercicios utilizaste en tu entrenamiento anterior o quizás en el de la semana anterior, pero que decir de hace un mes…ya no es tan fácil ¿cierto? Ahora imagínate si tienes 10, 15 ó 20 clientes, ¿realmente crees que podrás recordar exactamente que hizo cada uno de ellos hace 2 días?

Es por estas y muchas más razones que es inteligente llevar un registro de todo cuanto hagas y diseñes para tus clientes.

Para mayor información visita: **www.MyWorkoutPad.com**

> *El analfabeto de mañana no será la persona incapaz de leer. El analfabeto de mañana será la persona que no ha aprendido cómo aprender - Alvin Toffler*